2390

De:
_____

Para:
_____

"Nunca tenha filhos, somente netos"
GORE VIDAL

2005, Editora Fundamento Educacional Ltda.

Editor e edição de texto: Editora Fundamento
Imagens: IT Stock e Creatas
Capa e editoração eletrônica: Commcepta Design
Fotolito e impressão: Sociedade Vicente Pallotti

Dados Internacionais de Catalogação na Publicação (CIP)
(Câmara Brasileira do Livro, SP, Brasil)

Oliveira, Carla
    Para um amor de avó / Carla Oliveira. – São Paulo - SP : Editora Fundamento Educacional, 2005.

    1. Amor 2. Avós e netos 3. Conduta de vida I. Título

04-7708   CDD-306.8745

Índices para catálogo sistemático:
1. Avós e netos : Relações familiares : Sociologia 306.8745

Fundação Biblioteca Nacional

Depósito legal na Biblioteca Nacional, conforme Decreto n.º 1.825, de dezembro de 1907. Todos os direitos reservados no Brasil por Editora Fundamento Educacional Ltda.

Impresso no Brasil

Telefone: (41) 3015 9700
E-mail: info@editorafundamento.com.br
Site: www.editorafundamento.com.br

CARLA OLIVEIRA

Para um amor de Avó

Só as avós sabem transformar simples momentos em

lembranças

para a vida toda.

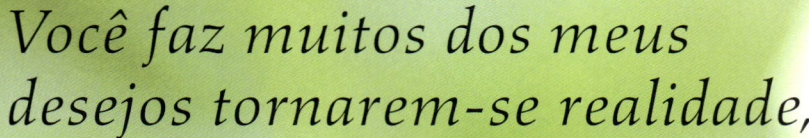

Você faz muitos dos meus desejos tornarem-se realidade,

Com você,

    o dia parece não ter

        pressa.

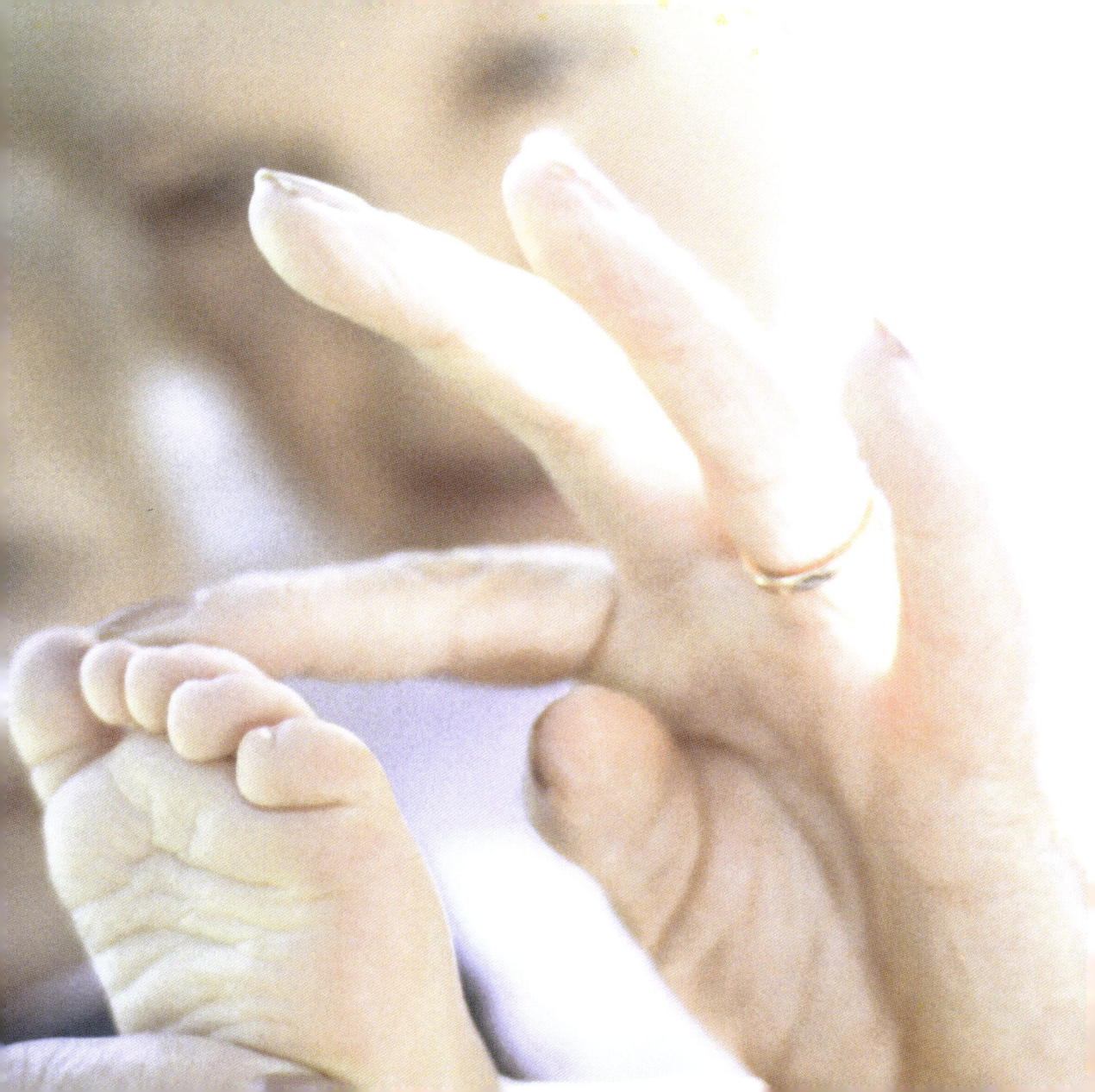

E é a única pessoa que pode

dizer não...

...para minha mãe
ou para meu pai.

Seu amor ensina-me generosidade, sabedoria e **paciência.**

Parece que só você sabe que muitos dos meus erros...

...são cometidos

sem querer.

Sua casa sempre tem

fotografias

minhas,

muitas
guloseimas
escondidas...

...e os inesquecíveis banhos de chuva sem levar bronca.

Que delícia!

Sim, você torna as férias muito mais

divertidas!

Permite que eu durma
tarde, diverte-se com
minhas

aventuras...

*É por isso que,
quando estou triste,*

seu colo

*é o meu lugar
favorito.*

Com você aprendi que as distâncias não são importantes quando falamos com o

coração.

*Até hoje não sei por que
faz questão de me ensinar
o nome de todos os*

parentes

usando seus álbuns de fotos.

Mas saiba que adoro o bolo de várias camadas que você prepara no meu aniversário!

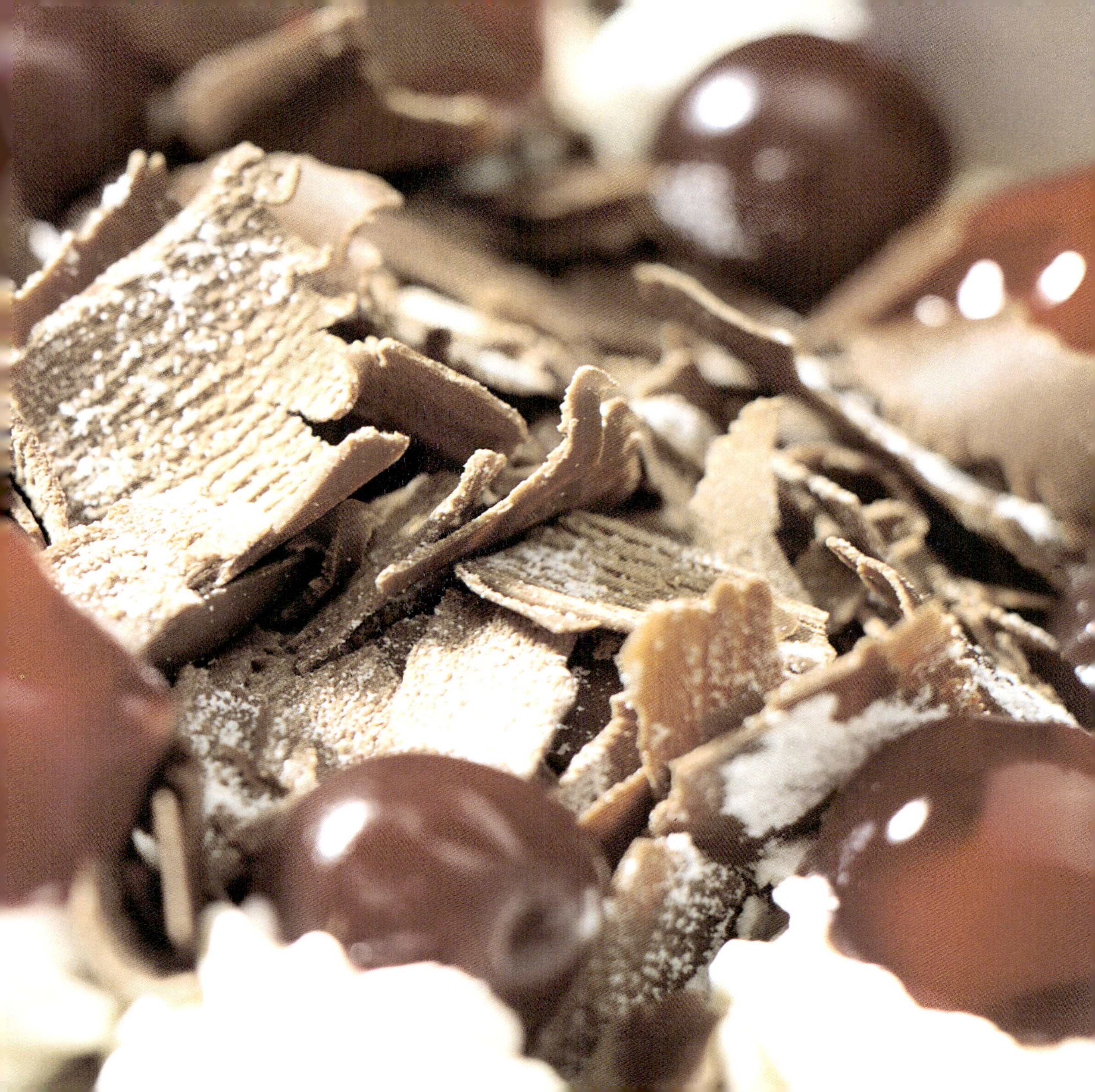

E quando canta para mim
as músicas da sua infância,

divirto-me a valer.

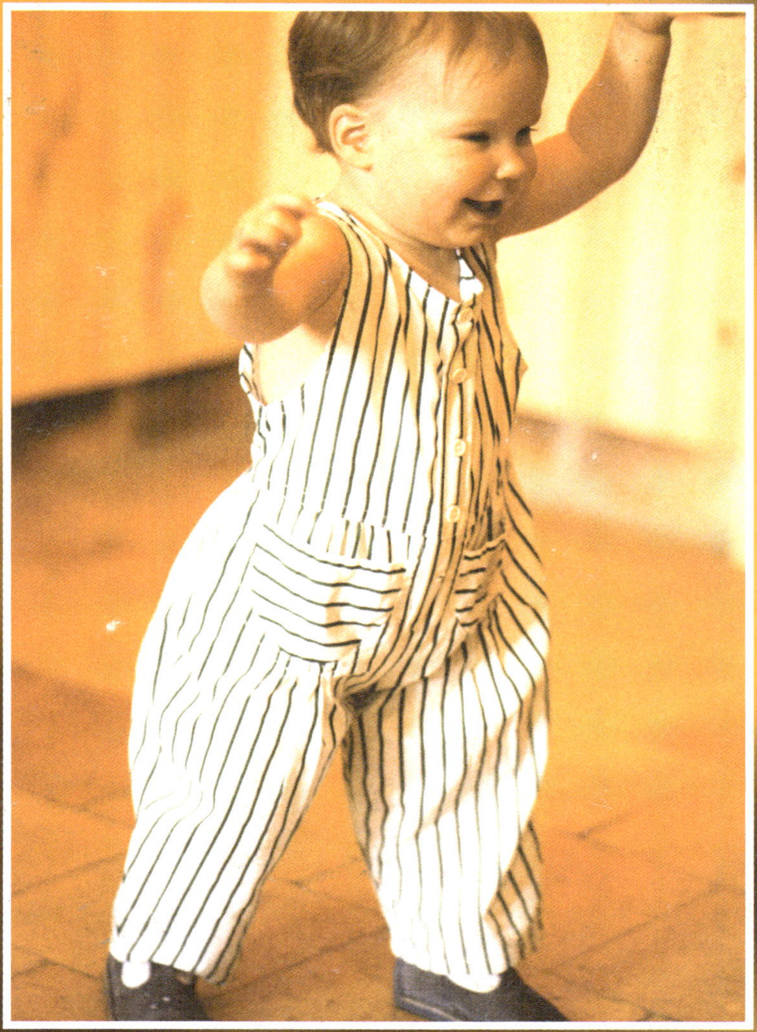

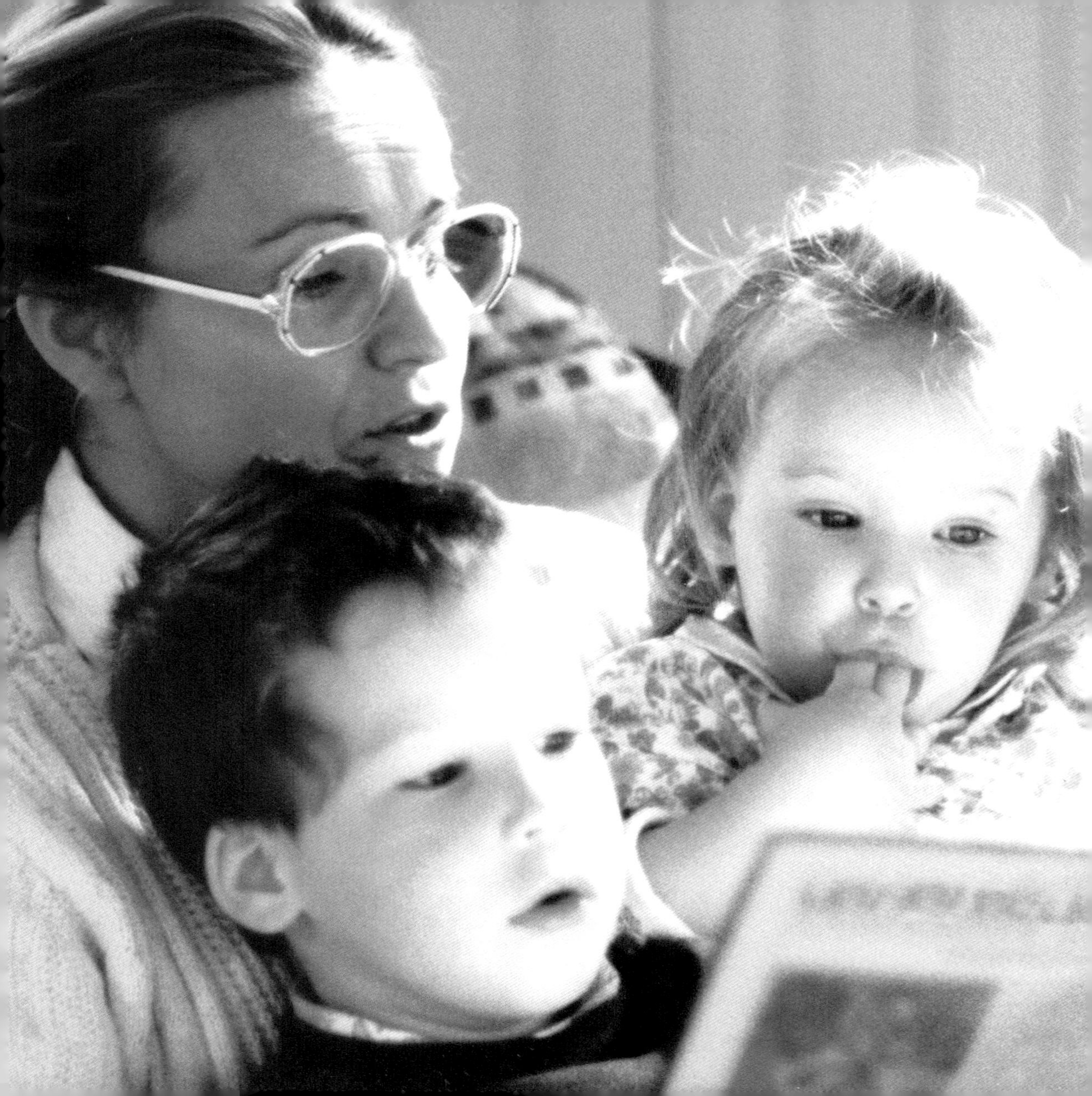

Seu jeito de contar

histórias

*faz com que eu
não perca nenhum
detalhe.*

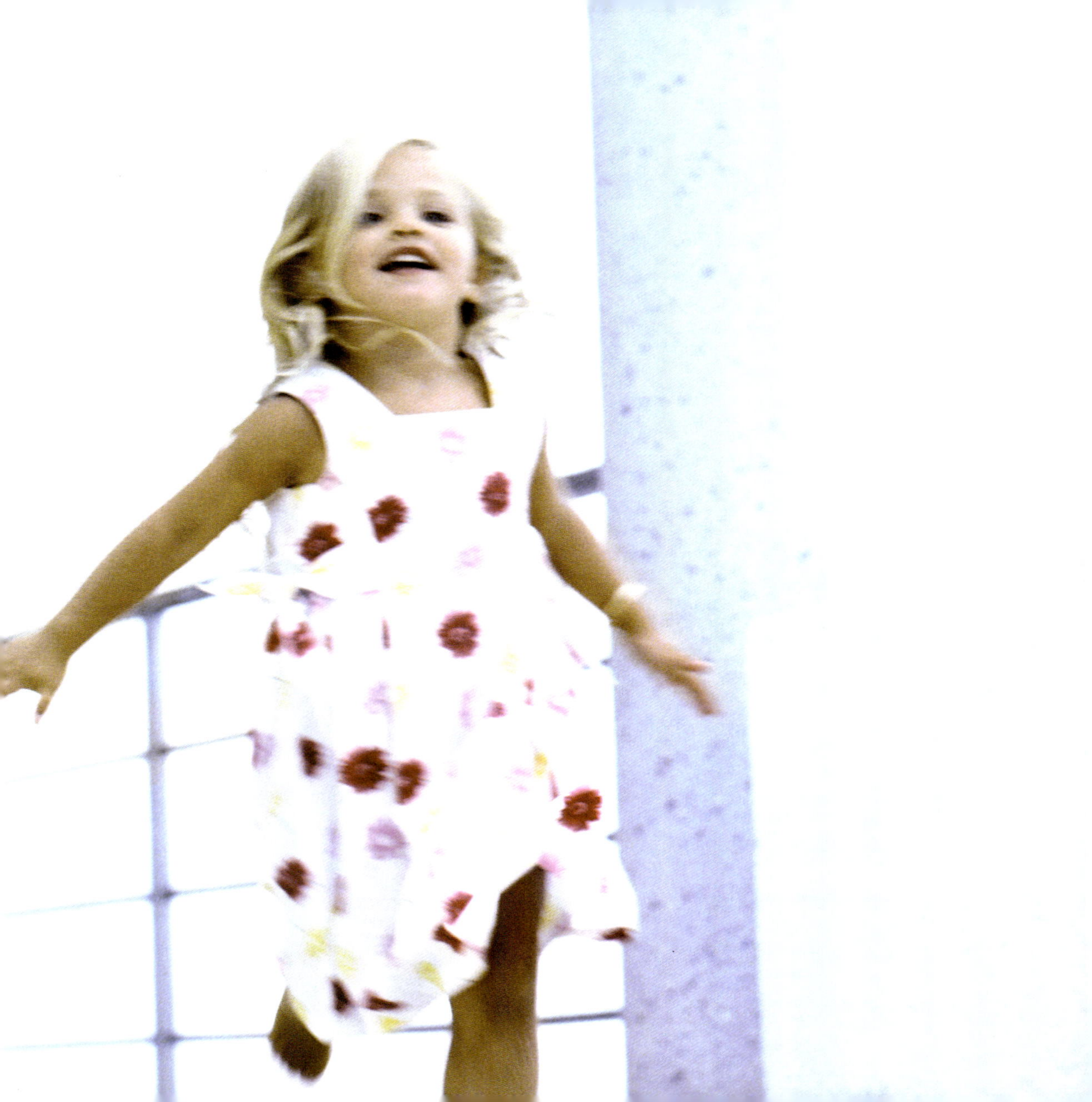

Você me dá o

abraço

mais apertado...

*E torna o mundo
mais do que*

especial!

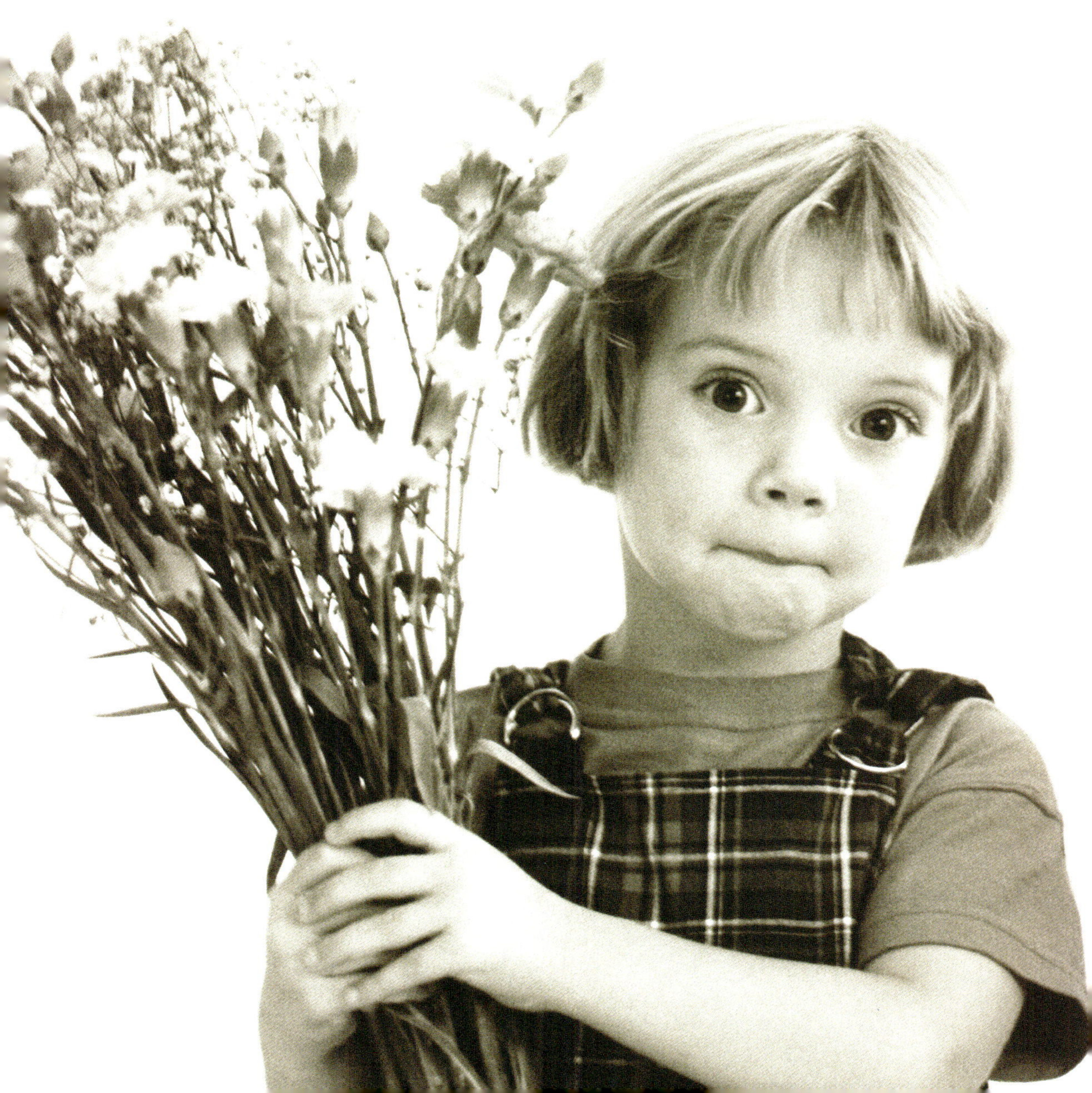

CONHEÇA TAMBÉM OUTROS

PARA UM AMOR DE MÃE
CARLA OLIVEIRA
Uma mensagem de amor para um amor de mãe.

VOCÊ É MUITO IMPORTANTE
CARLA OLIVEIRA
Um livro para alegrar a si mesmo e a quem é importante para você. Viver pode não ser tão simples mas, com bom humor, você descobre que a vida é o nosso maior presente.

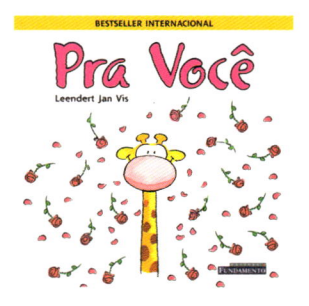

PRA VOCÊ
LEENDERT JAN VIS
Um bestseller internacional que traz uma mensagem cativante para emocionar e conquistar você.
Pra você, um presente repleto de ilustrações que dá o seu recado de uma maneira divertida e envolvente.

www.editorafundamento.com.br
Atendimento: (41) 3015.9700

Editora **FUNDAMENTO**

LIVROS DA FUNDAMENTO.

VOCÊ É DIFERENTE
UM GUIA PARA ENFRENTAR PEQUENOS DESAFIOS
Jane Seabrok

Aprenda com a lógica dos bichos a enfrentar
os pequenos desafios da vida.

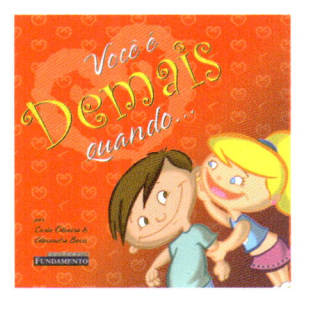

VOCÊ É DEMAIS QUANDO...
Carla Oliveira e Alexandre Bocci

Uma alegre seleção de situações românticas para encantar
pessoas especiais.

VOCÊ NUNCA ESTÁ SÓ
Antoinette Sampson

Uma notável combinação de palavras e fotos que pretende
criar um sentimento especial. Um sutil lembrete de que, sejam
quais forem as circunstâncias, você nunca está só.

www.editorafundamento.com.br
Atendimento: (41) 3015.9700

EDITORA FUNDAMENTO

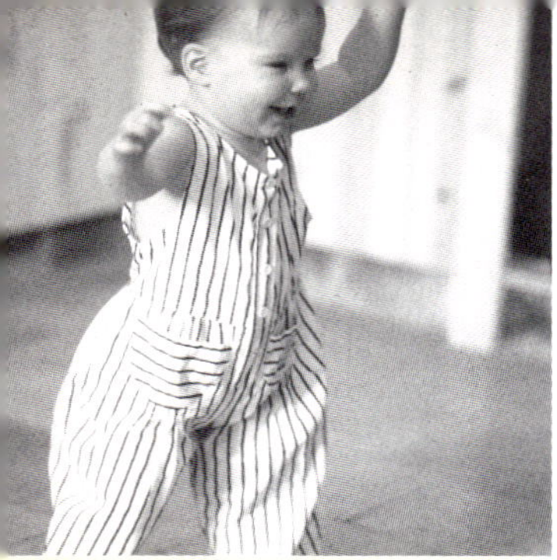

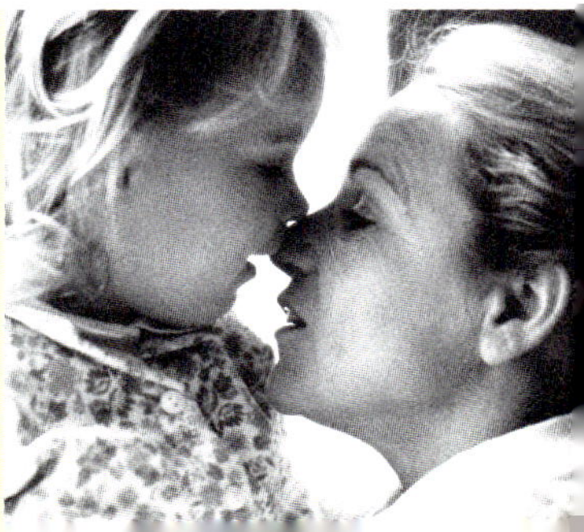